BEI GRIN MACHT SICH IHR WISSEN BEZAHLT

Dennis Ahmetovic

Das Leben nach dem Tod. Was glaubt man heute?

GRIN Verlag

Bibliografische Information der Deutschen Nationalbibliothek:

Die Deutsche Bibliothek verzeichnet diese Publikation in der Deutschen National-
bibliografie; detaillierte bibliografische Daten sind im Internet über http://dnb.d-
nb.de/ abrufbar.

Impressum:

Copyright © 2014 GRIN Verlag GmbH
Druck und Bindung: Books on Demand GmbH, Norderstedt Germany
ISBN: 978-3-656-73082-8

GRIN - Your knowledge has value

Der GRIN Verlag publiziert seit 1998 wissenschaftliche Arbeiten von Studenten, Hochschullehrern und anderen Akademikern als eBook und gedrucktes Buch. Die Verlagswebsite www.grin.com ist die ideale Plattform zur Veröffentlichung von Hausarbeiten, Abschlussarbeiten, wissenschaftlichen Aufsätzen, Dissertationen und Fachbüchern.

Besuchen Sie uns im Internet:

http://www.grin.com/

http://www.facebook.com/grincom

http://www.twitter.com/grin_com

Inhalt

1. Definition

Der Begriff „Leben nach dem Tod" bezeichnet die Vorstellung, dass nach dem Tod
noch nicht alles vorbei ist.

Da er durch die Religion geprägt ist, gibt es unendlich viele Vorstellungsmodelle,
jedoch kann man sagen, dass drei Grundmodelle zugrunde liegen.

Das erste ist die Reinkarnation. Hier wird die Seele in einem neuen Körper immer
wieder wiedergeboren.

Ein zweites Modell ist die Ewigkeit. In dieser Vorstellung verbringen alle Seelen die
Ewigkeit zusammen ohne für ihr Leben beurteilt zu werden.

Als letztes gibt es die Vorstellung eines strafenden und belohnenden höheren
Wesens, das in einer Art göttlichen Gerichts die Menschen aufgrund ihrer Taten und
Absichten in die Hölle oder den Himmel schickt.

Doch letztendlich ist die Existenz eines Jenseits, wie man das Leben nach dem Tod
auch nennt, nicht beweisbar. Dennoch nehmen viele Wissenschaftler
Nahtoderfahrungen als Hinweise, zumal diese durch Experimente immer mehr
wissenschaftliche Genauigkeit erreichen.

2. Verschiedene Vorstellungen

2.1. In unterschiedlichen Religionen

Wie bereits oben erwähnt gibt es für jede Religion ein eigenes Vorstellungsmodell für das Jenseits. Sogar in verwandten Religionen, wie Judentum, Christentum und Islam oder Hinduismus und Buddhismus, gibt es kleine, aber wichtige Unterschiede. Diese „Verwandten" kann man gut vergleichen, da sie aufeinander aufbauen.

Hinduismus und Buddhismus unterscheiden sich in ihrer Jenseitsvorstellung nicht, beide Gruppierungen glauben an die Reinkarnation mit dem Ziel zu Erlöschen. Aber die Wege dorthin haben einen feinen Unterschied: während für die Hindus nur die Taten und deren Folgen zählen, werten die Buddhisten bereits die Absicht hinter den Taten.

Genauso fein unterscheiden sich die abrahimitischen Religionen, die an ein göttliches Gericht glauben: das Judentum wartet auf die Ankunft des Messias als Zeichen des Jüngsten Tages, das Christentum auf die Rückkehr des Messias Jesus Christus und der Islam auf die Rückkehr des Propheten Isa (Jesus), der dann beweist, dass er eigentlich den Islam gepredigt hat. Dazu kommen natürlich noch andere das Jüngste Gericht einläutende Zeichen, wie die Auferstehung der Toten und dann das Richten durch Gott und den Messias bzw. im Islam den letzten Propheten. Darauf folgt dann die Ewigkeit entweder mit Gott im Himmel, wenn man ein frommes Leben geführt hat, oder ohne Gott in der Hölle, wenn man kein frommes Leben geführt hat.

2.2. Was glaubt man heute?

Um diese Frage zu beantworten startete ich eine Umfrage, bei der ich zufällig Personen auf der Straße ansprach. Hierbei machte ich keine Unterschiede, sondern ließ den Zufall entscheiden, wer bei meiner Umfrage mitmachte.

Die Umfrage war anonym, ich erfragte nur das Alter, Geschlecht und, ob der oder die Betreffende einer Religion angehört.

Die Umfrage fand zwischen dem 22. und 23. April 2014 statt und ich befragte insgesamt 100 Menschen in der Stadt Baden-Baden und im Ort Sinzheim, aber auch Menschen, die nicht hier in der Gegend wohnen, habe ich per Telefon befragt. Auch Urlauber habe ich befragt, wenn nötig habe ich die Fragen auf Englisch gestellt.

Die Umfrage habe ich nach Alter, Geschlecht und Religionszugehörigkeit ausgewertet.

Meine Fragen:

1. Wie stark glauben Sie an ein Leben nach dem Tod?
    Stark.
    Eher.
    Wenig.
    Gar nicht.

2. Wie stark sind Ihre Vorstellungen vom Jenseits von Ihrer Religion geprägt?
    Stark
    Eher.
    Wenig.
    Gar nicht

3. Woran glauben Sie am ehesten?
    Reinkarnation.
    Göttliches Gericht.
    Nichts.
    Ewigkeit.

Meine Erwartungen:

Ich erwarte, dass Frauen eher an ein Jenseits glauben als Männer, genau wie Ältere mehr an ein Leben nach dem Tod glauben als Jüngere.

Außerdem denke ich, dass man sehen kann, dass die Christen wenig von ihrer Religion beeinflusst werden, wohingegen Muslime stark vom Islam beeinflusst sind.

Meiner Meinung nach werden die Männer stärker an ein göttliches Gericht glauben als die Frauen.

Insgesamt erwarte ich, dass wenige Menschen an ein Leben nach dem Tod glauben.

Alle Befragten:

Frage 1

Frage 2

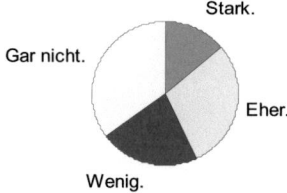

Frage 3

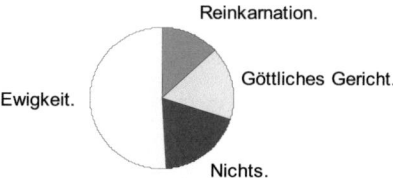

Überraschenderweise ist zu erkennen, dass die Mehrheit der Befragten an ein Jenseits glaubt, so glauben fast 70% mit mehr oder weniger großen Zweifeln an ein Leben nach dem Tod, nur 17% gaben an überhaupt nicht an eine solche Vorstellung zu glauben.

Als Gegensatz dazu ist bei Frage 2 deutlich zu sehen, wie wenig Einfluss die Religion auf die Jenseitsvorstellungen der befragten Personen hat, lediglich 14% sind der Meinung, sie seien stark von ihrer Religion geprägt.

Auch bei der Frage, an welches Jenseitsmodell die Person denn glaube, kam es zu einem überraschenden Ergebnis: trotz einer extrem hohen Anzahl an Christen und Moslems (86%) glauben nur 17% an ein göttliches Gericht. Unterboten wurde dieses Ergebnis nur von denen, die an eine Wiedergeburt glauben (14%). Dagegen glaubt knapp über die Hälfte der Teilnehmer an die Ewigkeit.

Frage 1

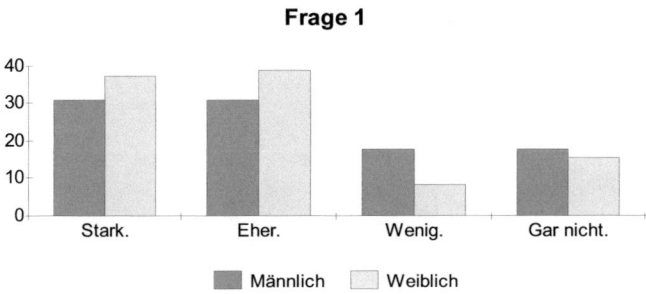

Frage 2

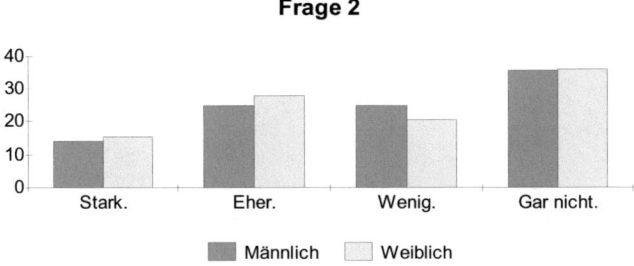

Frage 3

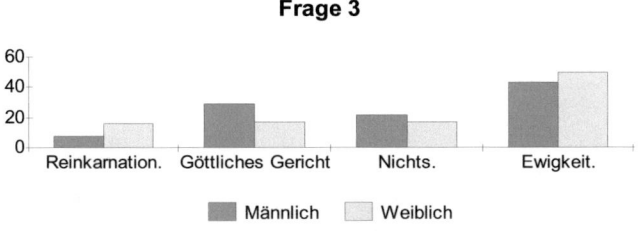

Wenn man die Befragten dem Geschlecht nach aufteilt, kann man, wie ich erwartet habe, feststellen, das Frauen eher an ein Leben nach dem Tod glauben als Männer. Beide Geschlechter sind gleichermaßen geprägt von ihrer Religion.

Frage 3 ergibt ebenfalls, was ich mir gedacht habe: Männer glauben eher an ein göttliches Gericht als Frauen, während Frauen eher an die Ewigkeit oder Reinkarnation glauben als Männer.

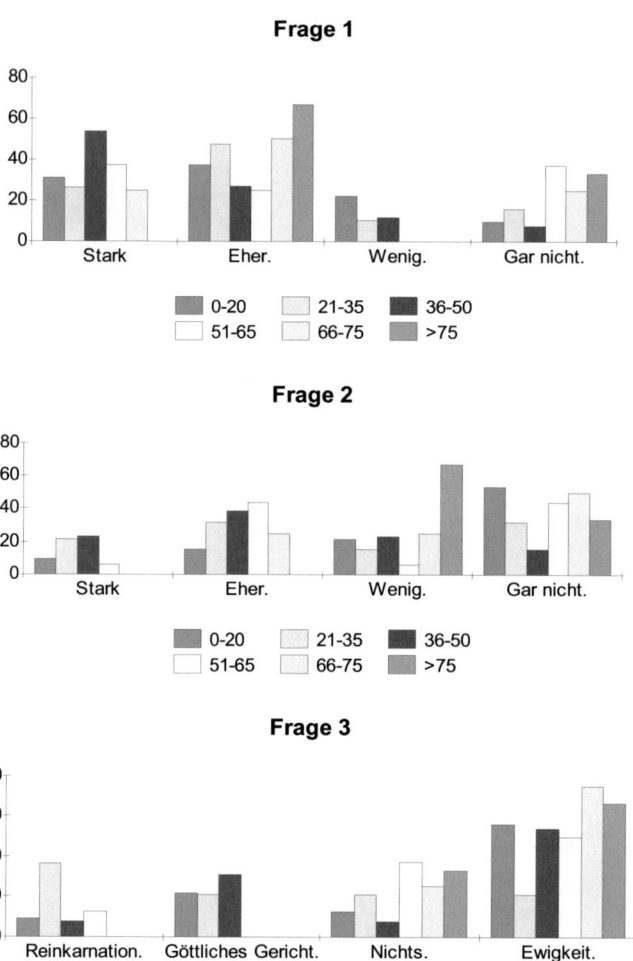

Man kann sehen, dass, entgegen meiner Erwartung, die Teilnehmer mittleren Alters (36-50) stärker an ein Jenseits glauben als alle anderen.

Auch, dass diese Gruppe stärker religiös geprägt ist, war nicht meine Erwartung.

Erstaunt hat mich auch, dass mehr Ältere an ein Nichts glauben als an ein göttliches Gericht und, dass das bei den Jüngeren umkehrt der Fall ist.

Frage 1

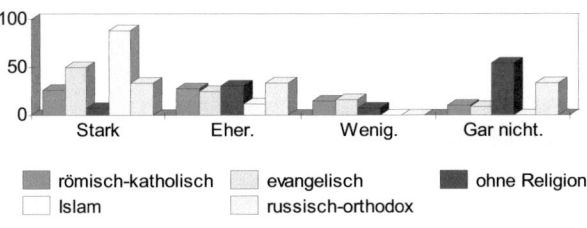

Frage 2

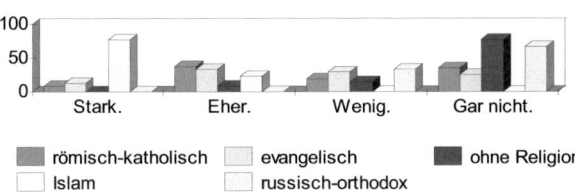

Frage 3

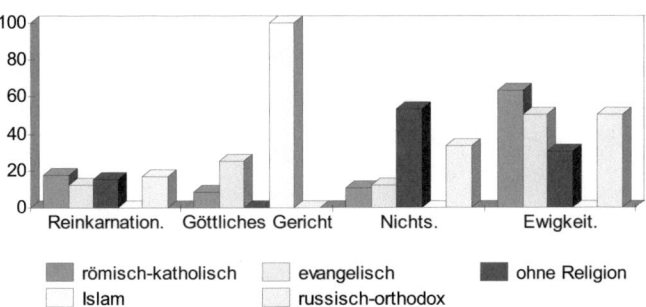

Hier ist deutlich erkennbar, dass die befragten Muslime stark an ein Jenseits, wie es der Islam predigt, glauben.

Außerdem kann man sehen, dass die russisch-orthodoxen Christen und die Befragten ohne Religion selten an ein Leben nach dem Tod glauben und auch nur schwach von ihrer Religion bzw. der Religion in ihrer Umgebung geprägt sind.

Im Gegensatz zu den Russisch-Orthodoxen sind die Protestanten von allen Christen zusammen die religiöseste Gruppe. Sie glauben im Vergleich am stärksten an ein christliches Leben nach dem Tod.

Die Katholiken sind eher von einer ungerichteten Ewigkeit überzeugt als von ihrer Religion.

Wie erwartet sind die meisten Christen wenig von ihrer Religion geprägt und glauben an die Ewigkeit.

Gesamtauswertung:

Insgesamt bin ich der Meinung, dass meine Umfrage sehr informativ und aufschlussreich war.

Meine Erwartungen wurden teils erfüllt, teils wurde ich überrascht.

Es war sehr interessant mit Fremden über dieses vielseitige Thema zu sprechen und sich deren Vorstellungen vom Leben nach dem Tod erklären zu lassen. Die Befragten waren oft sehr neugierig zu wissen, aus welchem Beweggrund ich mir ein solches Thema ausgesucht habe und, was meine Meinung zu diesem Thema ist. Sie reagierten sehr offen auf meine Fragen und es war gut möglich Diskussionen anzufangen und die Befragten mehr für das Thema „Leben nach dem Tod" zu begeistern.

3. Kontakt zu den Toten

3.1. In unterschiedlichen Religionen

Während in vielen so genannten „Naturreligionen", die z.b. Indianer oder die Mayas praktizier(t)en, oder auch im Hinduismus und Buddhismus ein Ahnenkult ein zentraler Teil der Religion ist, ist in den abrahimitischen Religionen der Kontakt eigentlich verboten. Die Juden und die Moslems verneinen den Kontakt komplett, da diese als vom Teufel kommend gelten. Außerdem ist das Judentum eine Religion der Lebenden, zu lange Trauer und der Kontakt zu Toten ist unerwünscht.

Derselben Meinung sind die Christen im Grunde auch. Jedoch beten sie besondere Tote an, damit diese so genannten Heiligen und Seligen bei Gott um Gnade, Gesundheit, usw. für die Menschen bitten. Sie benutzen also besonders gute Menschen als eine Art Sprachrohr.

Im Buddhismus und im Hinduismus ist, wie bereits erwähnt, der Ahnenkult sehr wichtig. Buddhisten und Hindus beten regelmäßig am Grab zu ihren Verstorbenen, damit diese, ähnlich den christlichen Heiligen und Seligen, bei den Göttern um Gutes bitten oder sogar selbst Gutes bringen.

3.2. Medien

Was sind Medien?

Medien sind Menschen, die angeben über übernatürliche Fähigkeiten, wie Hellsehen usw., zu verfügen. Doch zusätzlich zu diesen „normalen" übernatürlichen Fähigkeiten haben Medien noch eine sehr seltene Fähigkeit: sie haben Kontakt zum Jenseits.

Der Begriff ist jedoch nicht wissenschaftlich anerkannt, sondern kann sich selbst verliehen werden, weshalb es auf dem Markt der Medien viele Scharlatane gibt, die sich nur als solche ausgeben.

Medien sind in Deutschland meist spirituell und okkultistisch, Religion spielt in diesem Bereich keine Rolle.

Viele Menschen sind auch der Überzeugung, dass jeder Mensch mediale Fähigkeiten hat, wenn er oder sie übt und geeignete Hilfsmittel, wie ein Hexenbrett hat.

<u>Wie nehmen sie Kontakt zu den Toten auf?</u>

Es gibt endlos viele Wege zur Kontaktaufnahme, wie z.B. das Ouija- oder auch Hexenbrett, Gläserrücken, jedoch ist fast immer ein Angehöriger oder Freund des Verstorbenen nötig.

Viele Medien sehen die Verstorbenen auch ohne Hilfsmittel vor sich und kommunizieren so mit ihnen. Jedoch ist eine starke Konzentration von Nöten um so eine ganze Sitzung abzuhalten.

Es gibt aber keine Garantie für das Erscheinen des Verstorbenen, da Medium, Angehörige und die Seele des Toten bereit für ein Treffen sein müssen.

4. Fazit

Abschließend würde ich gerne ein Gedankenexperiment starten. Als Leitfrage habe ich folgende gewählt: „Was wäre, wenn die Menschheit nie an ein Leben nach dem Tod geglaubt hätte?"

Meiner Meinung nach hätte sich ohne diesen Gedanken kein gesundes soziales System entwickelt, wie wir es heutzutage in Deutschland und vielen anderen Staaten haben. Denn die Menschheit hätte speziell in ihren Anfängen eher an die eigenen Vorteile gedacht, anstatt dass ein faires Gruppendenken entsteht. Weil ohne Grenzen und unausweichliche Strafen jeder ohne Rücksicht oder Verantwortung leben kann und was stört wird passend gemacht oder aus dem Weg geräumt, egal wem man damit schadet.

Außerdem denke ich, dass deutlich mehr Menschen Suizid begangen hätten, da keine Hoffnung auf etwas Gutes besteht, wenn es jemandem einmal lange Zeit schlecht geht. Durchhalten hat in diesem Falle weniger Sinn, wenn man dafür dann nicht auch belohnt wird.

Unter diesen Gesichtspunkten ist der Gedanke an ein Leben nach dem Tod also eine sehr gute Institution als Hoffnungsspender und Entwickler eines sozialen Bewusstseins.

5. Quellen

Bildquelle:

http://www.spirit-visions.com/begegnung.jpg

Textquellen:

http://www.philosophie-lernen.de/Phi%20-tod.htm

http://www.planet-wissen.de/alltag_gesundheit/tod_und_trauer/sterben/jenseitsvorstellungen.jsp

http://www.uni-protokolle.de/Lexikon/J%FCngstes_Gericht.html

http://www.religion-online.info/buddhismus/themen/info-wiedergeburt.html

http://www.gotquestions.org/Deutsch/Christlich-Parapsychologie.html

http://www.stadtgottes.de/stago/ausgaben/2011/11/ratgeber/Kontakt-mit-Verstorbenen.php

Högl, S., Leben nach dem Tod Menschen berichten von ihren Nahtoderfahrungen, Rastatt, Moewig, Originalausgabe, 1998

Jakoby, B., Wir sterben nie Was wir heute über das Jenseits wissen können, Reinbek bei Hamburg, rororo, 2. Auflage, 2009

Smith, G., Medium Mein Kontakt mit dem Jenseits, Berlin, Ullstein,1. Auflage, 2008

Stark, P., zwischen Leben und Tod Extreme Erfahrungen, letzte Abenteuer, Reinbek bei Hamburg, rowohlt, 1. Auflage, 2002

Niemz, M. H., Lucys Vermächtnis Der Schlüssel zu Ewigkeit, München, Droemer, Originalausgabe, 2009

Chopra, D., Leben nach dem Tod Das letzte Geheimnis unserer Existenz, Berlin, Ullstein, Originalausgabe, 2006

Jakoby, B., Das Leben danach Was mit uns geschieht, wenn wir sterben, rororo, Reinbek bei Hamburg, Original ausgabe, 2004

Miller, S., Nach dem Tod Stationen einer Reise, Deuticke, Wien, Erstausgabe, 1998

Knoblauch, H., Berichte aus dem Jenseits Mythos und Realität der Nahtod-Erfahrung, Herder, Freiburg im Breisgau, Erstausgabe, 1999

Ford, A., Bericht vom Leben nach dem Tode, Scherz, München, 4. Ausgabe, 1973

Niemz, M. H., Lucy im Licht, München, Droemer, Erstauflage, 2007

Scheuermann, U., Wenn morgen mein letzter Tag wär So finden Sie heraus, was im Leben wirklich zählt, München, Knaur, aktualisierte Neuausgabe, 2013

Burpo, T., Den Himmel gibt's echt Die erstaunlichen Erlebnisse eines Jungen zwischen Leben und Tod, Holzgerlingen, SCM Hänssler, 10. Auflage, 2012

Bertoldi, C., Sehen Tote wirklich alles? Auskünfte über das Leben im Jenseits, München, Knaur, Erstausgabe, 2008

Bertoldi, C., Wissen Tote, was wir denken? Neue Auskünfte über das Leben im Jenseits, München, Knaur, Erstausgabe 2012

Niemz, M. H., Lucy mit c Mit Lichtgeschwindigkeit ins Jenseits, Norderstedt, Books on Demand, 2. Auflage, 2005

Kübler-Ross, E., Über den Tod und das Leben danach, Güllesheim, Die Silberschnur, 27. Auflage, 2000

Hoerster, N., Die Frage nach Gott, München, C. H. Beck, Originalausgabe, 2005

Weitere Quellen:

Zentralrat der Muslime in Deutschland e.V.

Zentralrat der Juden in Deutschland K.d.ö.R.

Centrum Judaicum